AF221657

Impressum
Verlag: BABADADA GmbH, Nedderfeld 112 , 22529 Hamburg
Geschäftsführer / Verlagsleitung: Harald Hof
Druck: Books on Demand GmbH, In de Tarpen 42, 22848 Norderstedt

Imprint
Publisher: BABADADA GmbH, Nedderfeld 112 , 22529 Hamburg, Germany
Managing Director / Publishing direction: Harald Hof
Print: Books on Demand GmbH, In de Tarpen 42, 22848 Norderstedt, Germany

училище

Schule

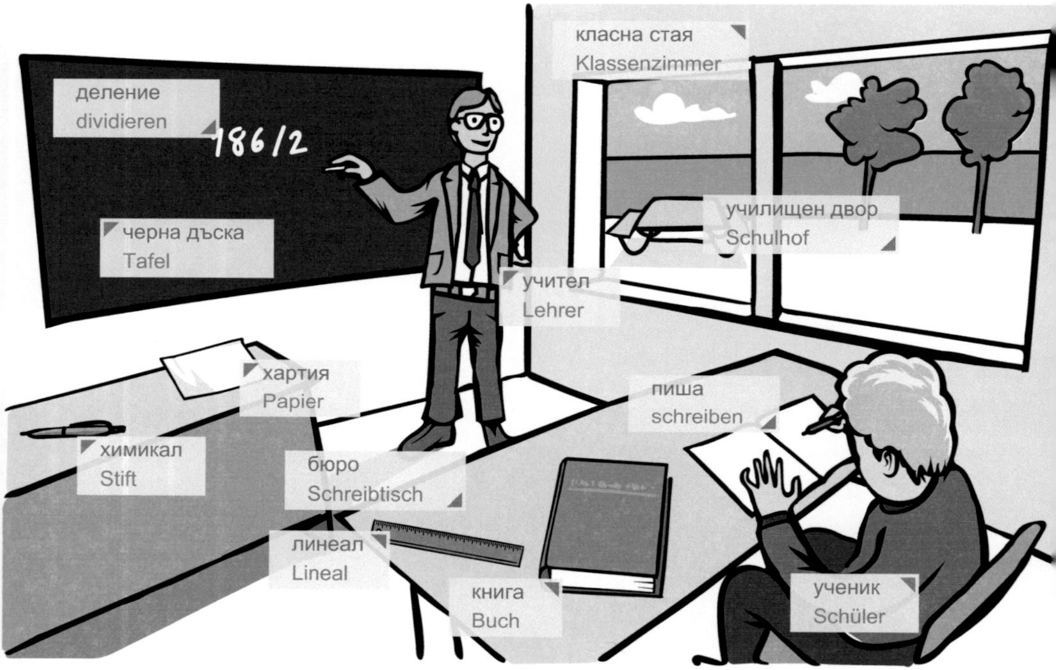

класна стая
Klassenzimmer
деление
dividieren
186/2
черна дъска
Tafel
училищен двор
Schulhof
учител
Lehrer
хартия
Papier
пиша
schreiben
химикал
Stift
бюро
Schreibtisch
линеал
Lineal
книга
Buch
ученик
Schüler

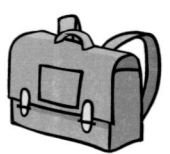

ученическа раница

Ranzen

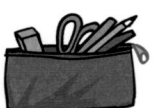

ученически несесер

Federmappe

молив

Bleistift

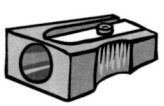

острилка за моливи

Bleistiftanspitzer

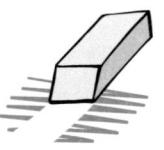

гума

Radiergummi

блок за рисуване

Zeichenblock

рисунка

Zeichnung

четка

Pinsel

акварелни бои

Malkasten

ножица

Schere

лепило

Klebstoff

тетрадка за упражнения

Übungsheft

домашна работа

Hausaufgabe

число

Zahl

събиране

addieren

изваждане

subtrahieren

умножение

multiplizieren

смятане

rechnen

буква

Buchstabe

азбука

Alphabet

дума

Wort

текст

Text

чета

lesen

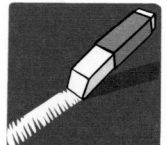

тебешир

Kreide

час

Stunde

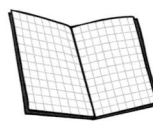

дневник на класа

Klassenbuch

изпит

Prüfung

свидетелство

Zeugnis

ученическа униформа

Schuluniform

образование

Ausbildung

справочник

Lexikon

университет

Universität

микроскоп

Mikroskop

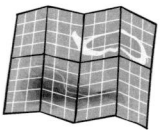

карта

Karte

кошче за хартиени
отпадъци

Papierkorb

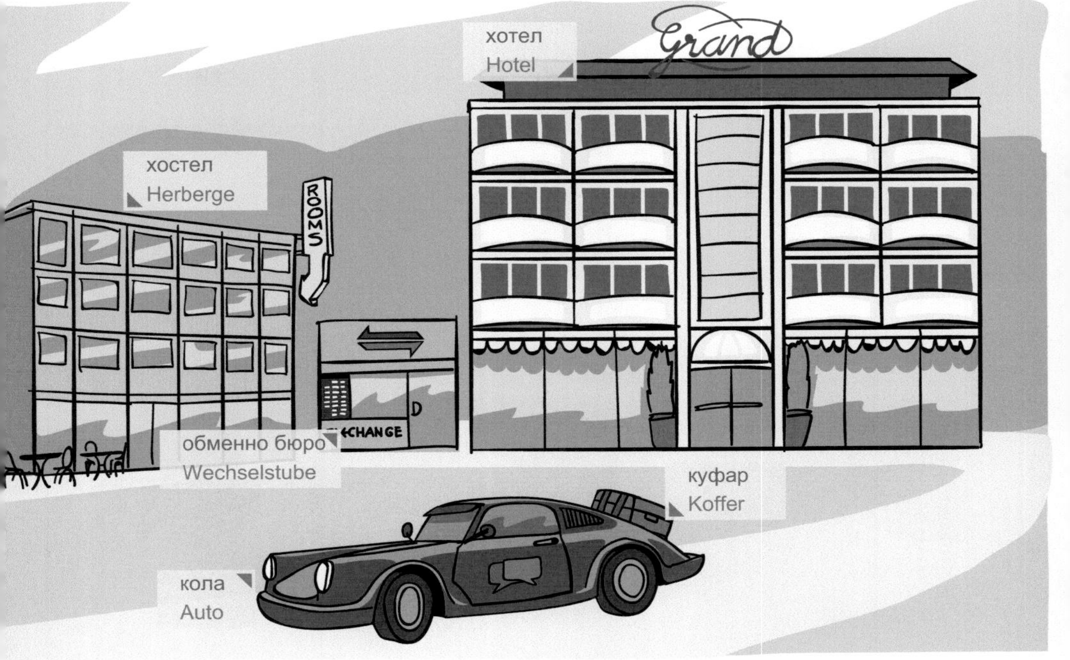

хотел
Hotel
Grand
хостел
Herberge
ROOMS
EXCHANGE
обменно бюро
Wechselstube
куфар
Koffer
кола
Auto

език

Sprache

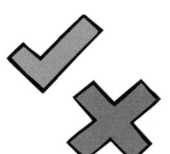

да / не

ja / nein

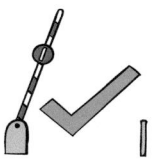

Окей

Okay

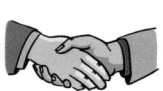

здравей

Hallo

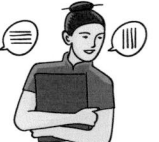

преводач

Übersetzer

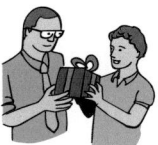

Благодаря

Danke

Колко струва…?

Was kostet…?

Не разбирам

Ich verstehe nicht

проблем

Problem

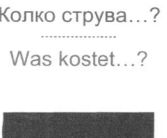

Добър вечер!

Guten Abend!

Добро утро!

Guten Morgen!

Лека нощ!

Gute Nacht!

довиждане

Auf Wiedersehen

посока

Richtung

багаж

Gepäck

пътна чанта

Tasche

раница

Rucksack

посетител

Gast

стая

Zimmer

спален чувал

Schlafsack

палатка

Zelt

туристическа информация

Touristeninformation

плаж

Strand

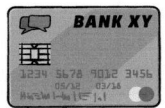

кредитна карта

Kreditkarte

закуска

Frühstück

обед

Mittagessen

вечеря

Abendessen

билет

Fahrkarte

асансьор

Fahrstuhl

пощенска марка

Briefmarke

граница

Grenze

митница

Zoll

посолство

Botschaft

виза

Visum

паспорт

Pass

транспорт
Transport

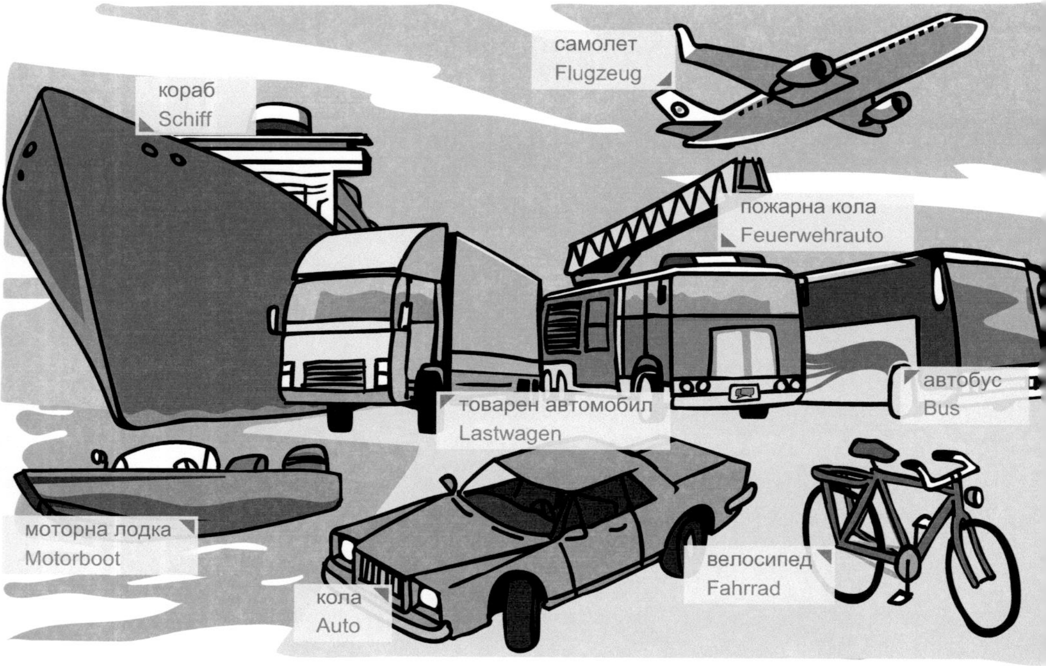
самолет
Flugzeug
кораб
Schiff
пожарна кола
Feuerwehrauto
автобус
Bus
товарен автомобил
Lastwagen
моторна лодка
Motorboot
велосипед
Fahrrad
кола
Auto

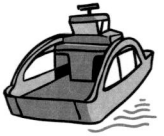

фериботFähre

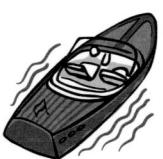

лодка
Boot

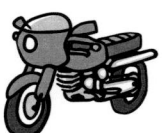

мотоциклет
Motorrad

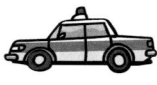

полицейска кола
Polizeiauto

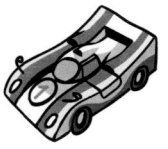

състезателна кола
Rennauto

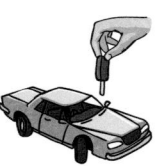

кола под наем
Mietwagen

каршеринг

Carsharing

автомобил от "Пътна помощ"

Abschleppwagen

сметовоз

Müllauto

двигател

Motor

бензин

Kraftstoff

бензиностанция

Tankstelle

пътен знак

Verkehrsschild

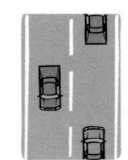

улично движение

Verkehr

задръстване

Stau

паркинг

Parkplatz

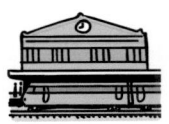

гара

Bahnhof

релси

Schienen

влак

Zug

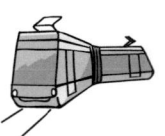

трамвай

Straßenbahn

вагон

Wagon

хеликоптер

Helikopter

аерогара

Flughafen

кула

Tower

пасажер

Passagier

контейнер

Container

кашон

Karton

ръчна количка

Karren

кошница

Korb

излитам / приземявам се

starten / landen

град
Stadt

село

Dorf

градски център

Stadtzentrum

къща

Haus

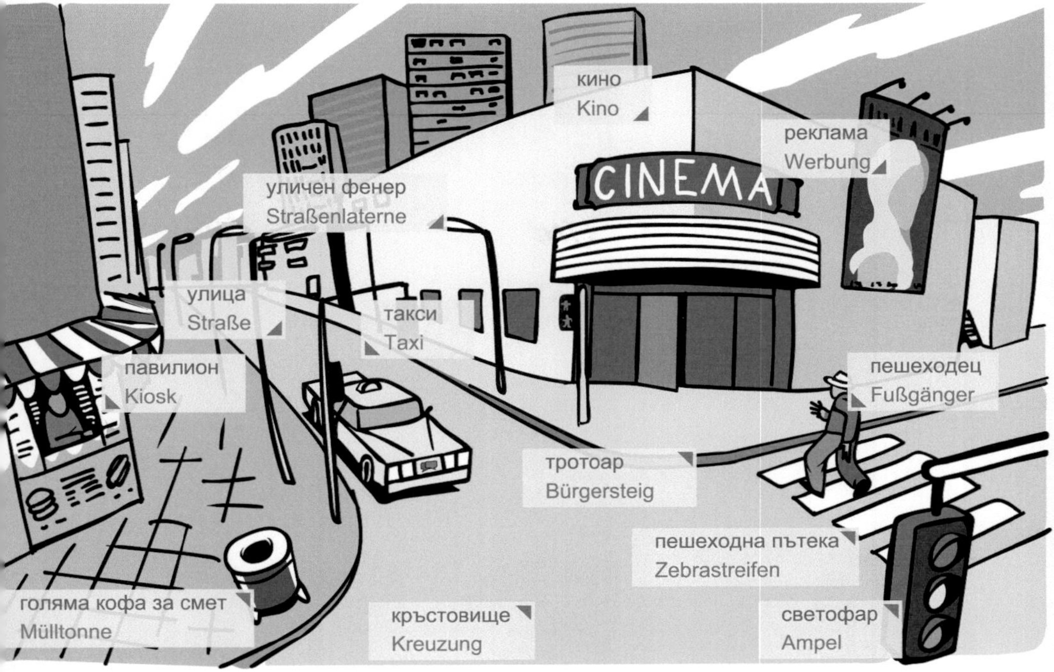

кино
Kino

реклама
Werbung

уличен фенер
Straßenlaterne

CINEMA

улица
Straße

такси
Taxi

павилион
Kiosk

пешеходец
Fußgänger

тротоар
Bürgersteig

пешеходна пътека
Zebrastreifen

голяма кофа за смет
Mülltonne

кръстовище
Kreuzung

светофар
Ampel

хижа

Hütte

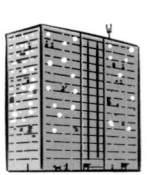

жилище

Wohnung

гара

Bahnhof

кметство

Rathaus

музей

Museum

училище

Schule

университет

Universität

банка

Bank

болница

Krankenhaus

хотел

Hotel

аптека

Apotheke

офис

Büro

книжарница

Buchhandlung

магазин за цветя

Geschäft

магазин за цветя

Blumenladen

супермаркет

Supermarkt

пазар

Markt

универсален магазин

Kaufhaus

търговец на риба

Fischhändler

търговски център

Einkaufszentrum

пристанище

Hafen

парк

Park

пейка

Bank

мост

Brücke

стълба

Treppe

метро

U-Bahn

тунел

Tunnel

автобусна спирка

Bushaltestelle

бар

Bar

ресторант

Restaurant

пощенска кутия

Briefkasten

улична табелка

Straßenschild

часовник за паркинг
престой

Parkuhr

зоологическа градина

Zoo

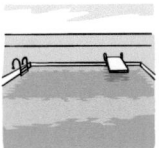

плувен басейн

Badeanstalt

джамия

Moschee

селски двор

Bauernhof

замърсяване на околната среда

Umweltverschmutzung

гробище

Friedhof

църква

Kirche

детска площадка

Spielplatz

храм

Tempel

пейзаж
Landschaft

листо
Blatt

пътепоказател
Wegweiser

път
Weg

ливада
Wiese

камък
Stein

пътешественик
Wanderer

дърво
Baum

река
Fluss

трева
Gras

цвете
Blume

долина

Tal

планина

Berg

море

See

гора

Wald

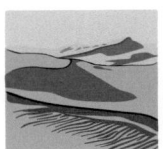

пустиня

Wüste

вулкан

Vulkan

замък

Schloss

дъга

Regenbogen

гъба

Pilz

палма

Palme

комар

Moskito

муха

Fliege

мравка

Ameise

пчела

Biene

паяк

Spinne

бръмбар

Käfer

жаба

Frosch

катеричка

Eichhörnchen

таралеж

Igel

заек

Hase

кукумявка

Eule

птица

Vogel

лебед

Schwan

диво прасе

Wildschwein

елен

Hirsch

лос

Elch

бент

Staudamm

вятърна турбина

Windrad

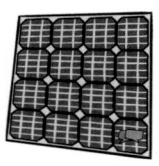

соларен модул

Solarmodul

климат

Klima

ресторант

Restaurant

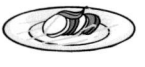

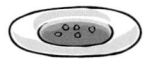

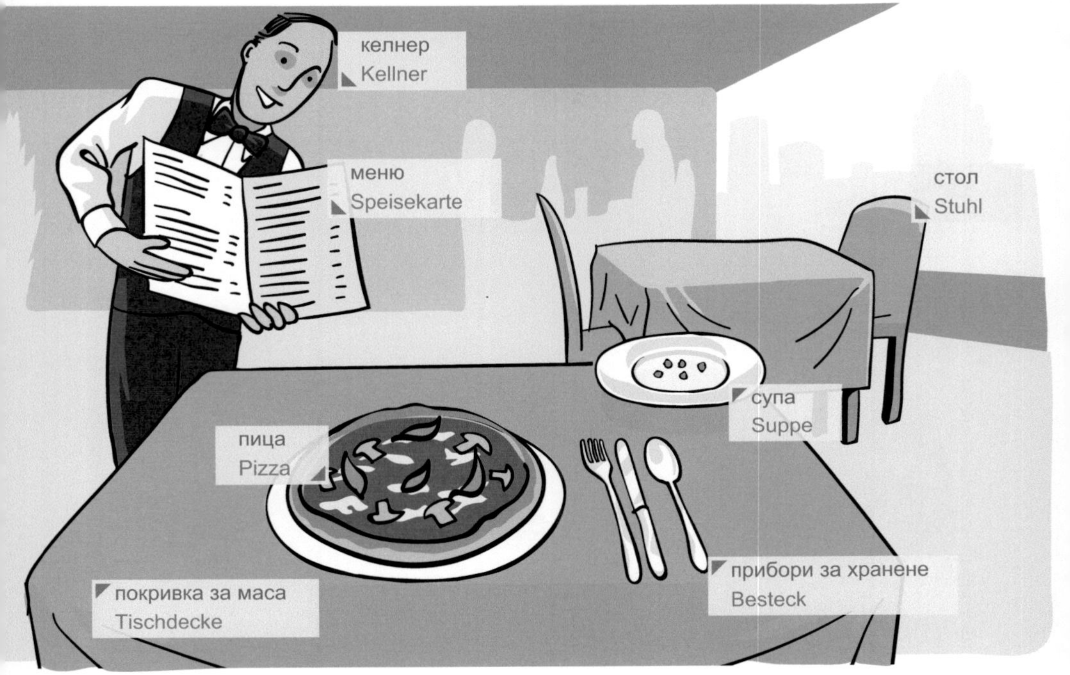
келнер
Kellner
меню
Speisekarte
стол
Stuhl
супа
Suppe
пица
Pizza
прибори за хранене
Besteck
покривка за маса
Tischdecke

предястие

Vorspeise

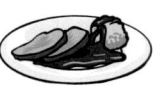

основно ястие

Hauptgericht

десерт

Nachspeise

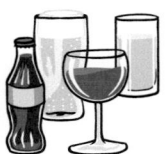

напитки

Getränke

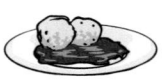

ядене

Essen

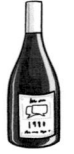

бутилка

Flasche

бързо хранене

Fastfood

улична храна

Streetfood

кана за чай

Teekanne

кутия за захар

Zuckerdose

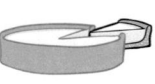

порция

Portion

еспресо машина

Espressomaschine

висок детски стол

Hochstuhl

сметка

Rechnung

табла

Tablett

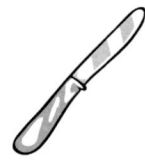

ножица за нокти

Messer

вилица

Gabel

лъжица

Löffel

чаена лъжичка

Teelöffel

салфетка

Serviette

стъклена чаша

Glas

ресторант - Restaurant

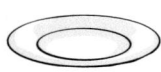

чиния

Teller

чиния за супа

Suppenteller

чинийка

Untertasse

сос

Sauce

солница

Salzstreuer

мелничка за черен пипер

Pfeffermühle

оцет

Essig

олио

Öl

подправки

Gewürze

кетчуп

Ketchup

горчица

Senf

майонеза

Mayonnaise

супермаркет
Supermarkt

оферта
Angebot
клиент
Kunde
млечни продукти
Milchprodukte
плодове
Obst
количка за покупки
Einkaufswagen
FOR

BUTCHERS

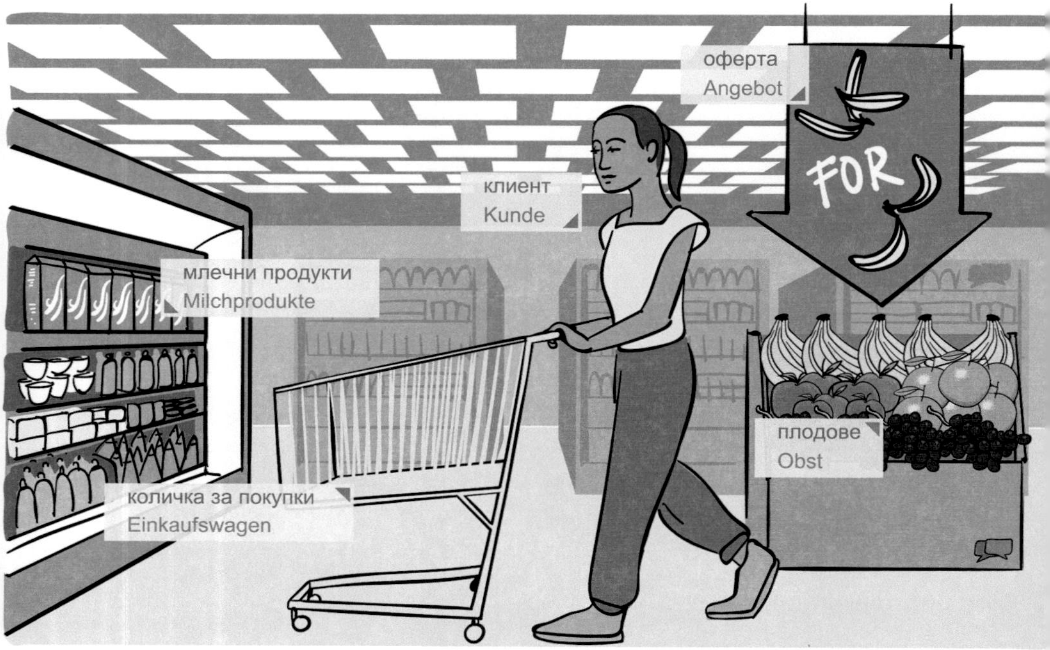

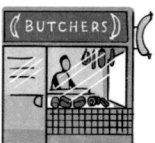

кланица

Schlachterei

BAKERY

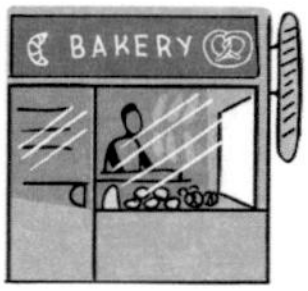

хлебарница

Bäckerei

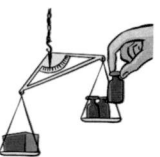

тегля

wiegen

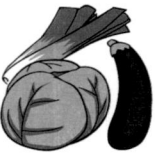

зеленчуци

Gemüse

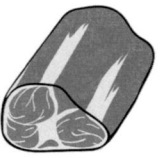

месо

Fleisch

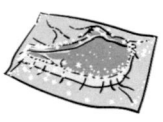

дълбоко замразена храна

Tiefkühlkost

нарязан колбас или сирене
Aufschnitt

консерви
Konserven

перилен препарат
Waschmittel

лакомства
Süßigkeiten

домакински изделия
Haushaltsartikel

почистващи препарати
Reinigungsmittel

продавачка
Verkäuferin

каса
Kasse

касиер
Kassierer

списък на покупките
Einkaufsliste

работно време
Öffnungszeiten

портфейл
Brieftasche

кредитна карта
Kreditkarte

чанта
Tasche

пластмасова торба
Plastiktüte

вода

Wasser

сок

Saft

мляко

Milch

кола

Cola

вино

Wein

бира

Bier

алкохол

Alkohol

какао

Kakao

чай

Tee

кафе машина

Kaffee

еспресо

Espresso

капучино

Cappuccino

банан

Banane

ябълка

Apfel

портокал

Orange

пъпеш

Melone

лимон

Zitrone

морков

Karotte

чесън

Knoblauch

бамбук

Bambus

лук

Zwiebel

гъба

Pilz

ядки

Nüsse

макарони

Nudeln

спагети

Spaghetti

ориз

Reis

салата

Salat

пържени картофи

Pommes frites

печени картофи

Bratkartoffeln

пица

Pizza

хамбургер

Hamburger

сандвич

Sandwich

шницел

Schnitzel

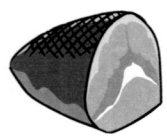

шунка

Schinken

траен колбас

Salami

салам

Wurst

пиле

Huhn

печено

Braten

риба

Fisch

овесени ядки

Haferflocken

мюсли

Müsli

корнфлейкс

Cornflakes

брашно

Mehl

кроасан

Croissant

хлебчета

Brötchen

хляб

Brot

препечена филийка

Toast

бисквити

Kekse

масло

Butter

извара

Quark

сладкиш

Kuchen

яйце

Ei

яйца на очи

Spiegelei

сирене

Käse

сладолед

Eiscreme

захар

Zucker

мед

Honig

мармалад

Marmelade

нуга крем

Nougat-Creme

къри

Curry

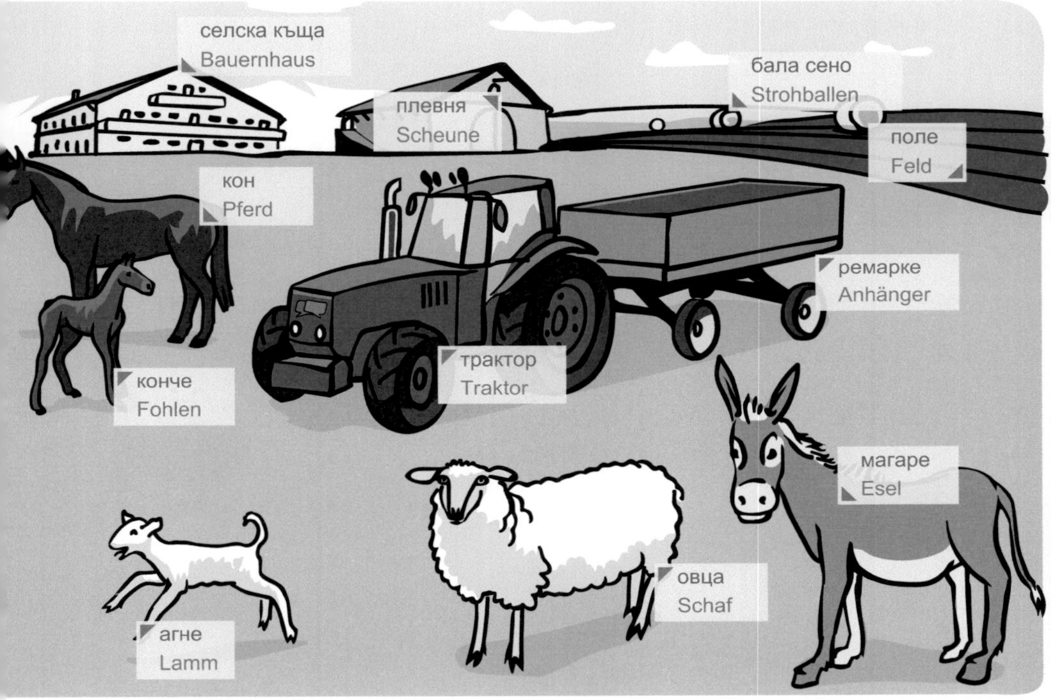

селска къща
Bauernhaus

бала сено
Strohballen

плевня
Scheune

поле
Feld

кон
Pferd

ремарке
Anhänger

конче
Fohlen

трактор
Traktor

магаре
Esel

овца
Schaf

агне
Lamm

коза
Ziege

крава
Kuh

теле
Kalb

свиня
Schwein

прасенце
Ferkel

бик
Bulle

гъска

Gans

патица

Ente

пиленце

Küken

кокошка

Huhn

петел

Hahn

плъх

Ratte

котка

Katze

мишка

Maus

вол

Ochse

куче

Hund

кучешка колиба

Hundehütte

градински маркуч

Gartenschlauch

лейка

Gießkanne

коса

Sense

плуг

Pflug

сърп

Sichel

мотика

Hacke

вила за тор

Mistgabel

брадва

Axt

ръчна количка

Schubkarre

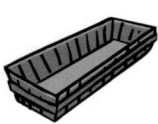

корито

Trog

съд за мляко

Milchkanne

чувал

Sack

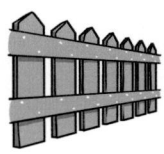

ограда

Zaun

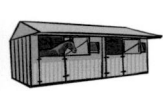

обор

Stall

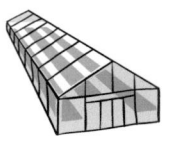

парник

Treibhaus

земя

Boden

сеитба

Saat

тор

Dünger

комбайн

Mähdrescher

жкъна
....
ernten

реколта
....
Ernte

ямс
....
Yamswurzel

жито
....
Weizen

соя
....
Soja

картоф
....
Kartoffel

царевица
....
Mais

рапица
....
Raps

овощно дърво
....
Obstbaum

маниока
....
Maniok

зърнени храни
....
Getreide

селски двор - Bauernhof

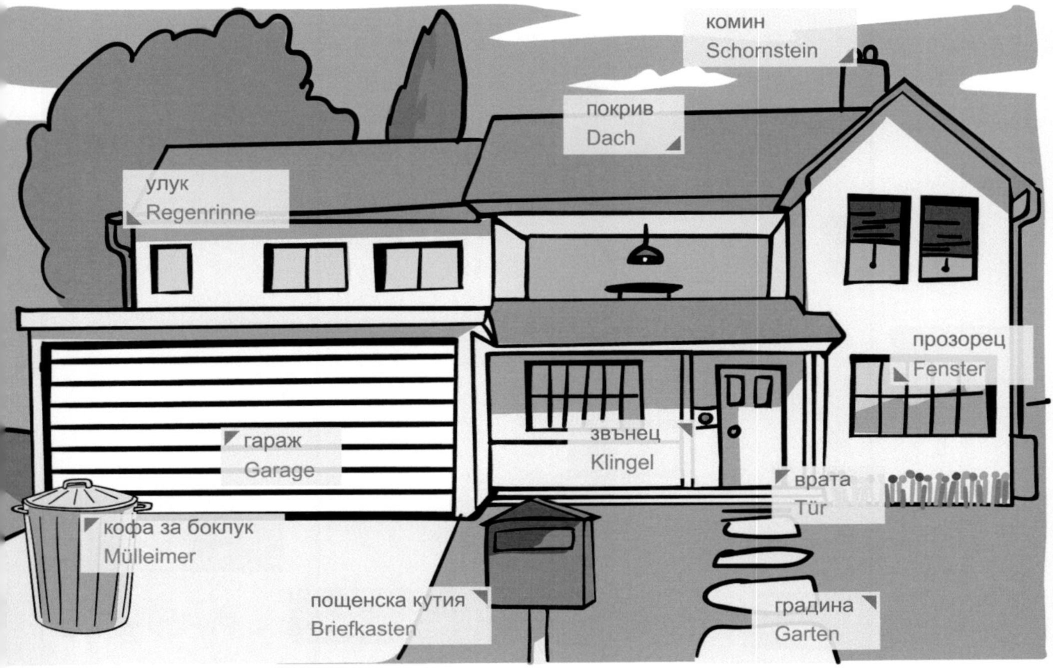

комин
Schornstein

покрив
Dach

улук
Regenrinne

прозорец
Fenster

гараж
Garage

звънец
Klingel

врата
Tür

кофа за боклук
Mülleimer

пощенска кутия
Briefkasten

градина
Garten

всекидневна

Wohnzimmer

баня

Badezimmer

кухня

Küche

спалня

Schlafzimmer

детска стая

Kinderzimmer

трапезария

Esszimmer

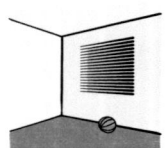

под

Boden

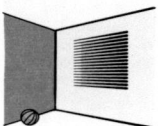

стена

Wand

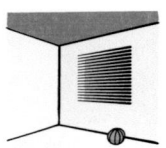

таван

Decke

изба

Keller

сауна

Sauna

балкон

Balkon

тераса

Terrasse

плувен басейн

Schwimmbad

косачка

Rasenmäher

спално бельо

Bettbezug

покривка за легло

Bettdecke

легло

Bett

метла

Besen

кофа

Eimer

електрически ключ

Schalter

всекидневна

Wohnzimmer

тапет
Tapete
картина
Bild
лампа
Lampe
рафт
Regal
шкаф
Schrank
телевизор
Fernseher
камина
Kamin
цвете
Blume
възглавница
Kissen
канапе
Sofa
ваза
Vase
дистанционно управление
Fernbedienung

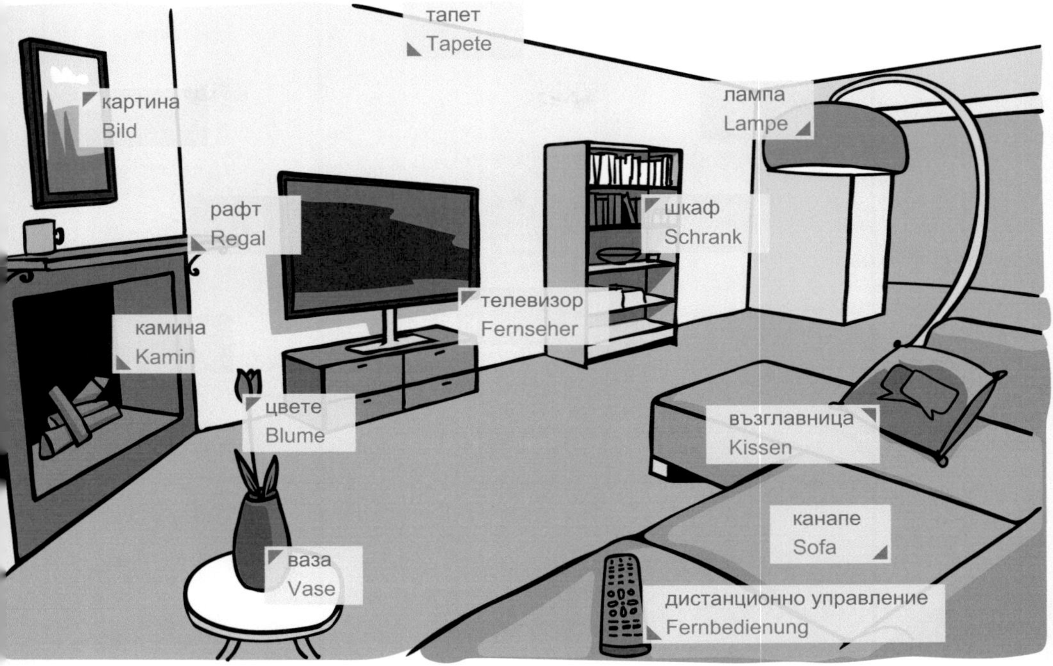

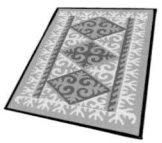

килим

Teppich

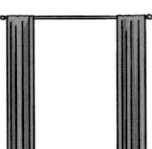

завеса

Vorhang

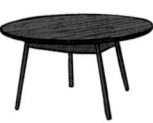

маса

Tisch

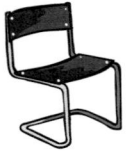

стол

Stuhl

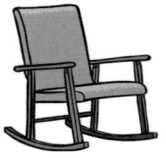

люлеещ се стол

Schaukelstuhl

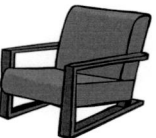

кресло

Sessel

книга

Buch

одеяло

Decke

декорация

Dekoration

дърва за отопление

Feuerholz

филм

Film

стерео уредба

Stereoanlage

ключ

Schlüssel

вестник

Zeitung

живопис

Gemälde

постер

Poster

радио

Radio

бележник

Notizblock

прахосмукачка

Staubsauger

кактус

Kaktus

свещ

Kerze

кухня

Küche

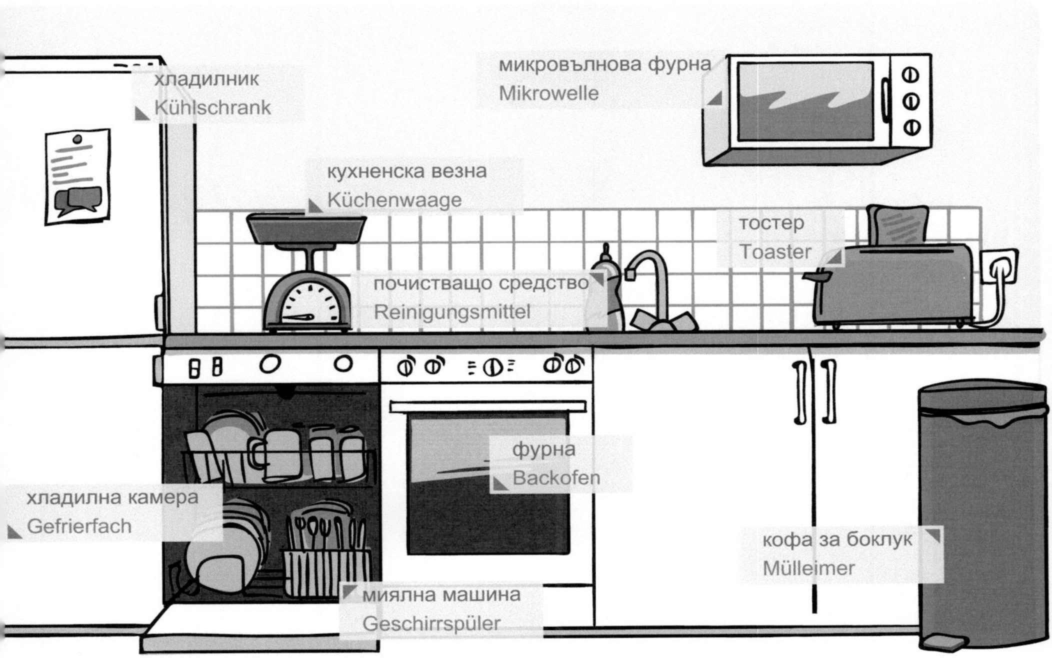

хладилник
Kühlschrank
микровълнова фурна
Mikrowelle
кухненска везна
Küchenwaage
тостер
Toaster
почистващо средство
Reinigungsmittel
фурна
Backofen
хладилна камера
Gefrierfach
кофа за боклук
Mülleimer
миялна машина
Geschirrspüler

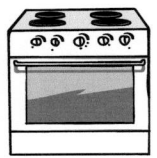

готварска печка

Herd

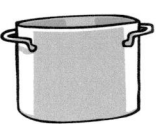

тенджера

Topf

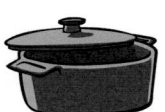

желязна тенджера

Eisentopf

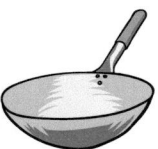

уок / кадаи

Wok / Kadai

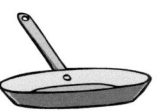

тиган

Pfanne

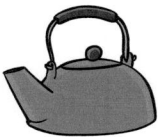

кана за затопляне на вода

Wasserkocher

уред за готвене на пара

Dampfgarer

тава за печене

Backblech

съдове

Geschirr

чаша

Becher

купа

Schale

клечки за хранене

Essstäbchen

черпак

Suppenkelle

лопатка за тиган

Pfannenwender

тел за разбиване (на яйца, белтъци)

Schneebesen

кошница за варене

Kochsieb

гевгир

Sieb

ренде

Reibe

хаван

Mörser

барбекю

Grill

огнище

Feuerstelle

дъска

Schneidebrett

точилка

Nudelholz

тирбушон

Korkenzieher

кутия

Dose

отварачка за консерви

Dosenöffner

кухненска ръкохватка

Topflappen

мивка

Waschbecken

четка

Bürste

гъба

Schwamm

миксер

Mixer

фризер

Gefriertruhe

бебешко шише

Babyflasche

воден кран

Wasserhahn

кухня - Küche

баня

Badezimmer

отопление
Heizung
хавлиена кърпа
Handtuch
душ
Dusche
завеса за баня
Duschvorhang
шампоан за вана
Schaumbad
вана
Badewanne
стъклена чаша
Glas
перална машина
Waschmaschine
воден кран
Wasserhahn
плочки
Fliesen
гърне
Töpfchen
мивка
Waschbecken

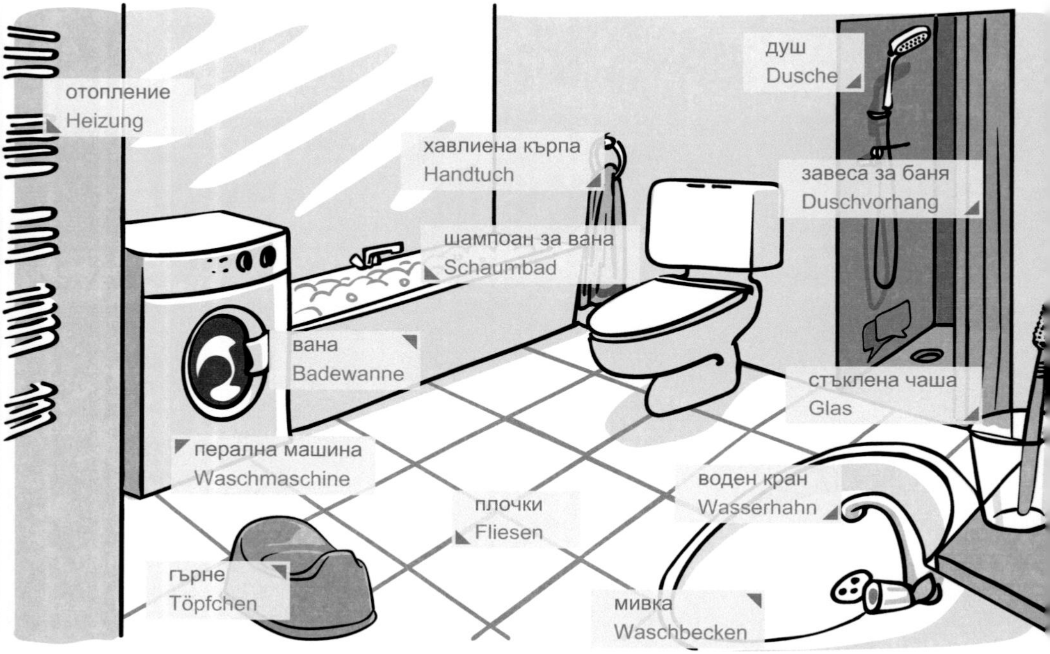

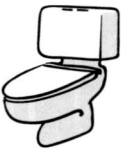

тоалетна

Toilette

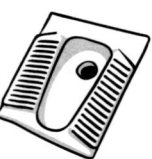

клекало

Hocktoilette

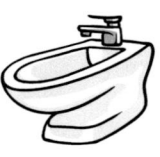

биде

Bidet

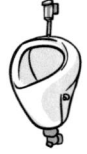

писоар

Pissoir

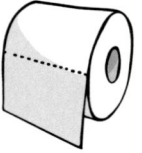

тоалетна хартия

Toilettenpapier

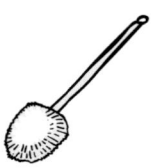

четка за тоалетна

Toilettenbürste

четка за зъби

Zahnbürste

паста за зъби

Zahnpasta

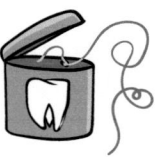

конец за зъби

Zahnseide

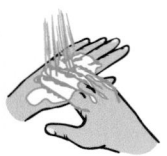

мия

waschen

ръчен душ

Handbrause

интимен душ

Intimdusche

леген

Waschschüssel

четка за гръб

Rückenbürste

сапун

Seife

душ гел

Duschgel

шампоан за вана

Shampoo

гъба за баня

Waschlappen

сифон

Abfluss

крем

Creme

дезодорант

Deodorant

огледало

Spiegel

козметично огледало

Kosmetikspiegel

ръчна самобръсначка

Rasierer

пяна за бръснене

Rasierschaum

одеколон за след
бръснене
Rasierwasser

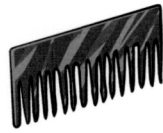

гребен

Kamm

четка

Bürste

сешоар

Föhn

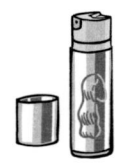

спрей за коса

Haarspray

грим

Makeup

червило

Lippenstift

лак за нокти

Nagellack

памук

Watte

ножица за нокти

Nagelschere

парфюм

Parfum

тоалетна чантичка

Kulturbeutel

табуретка

Hocker

везна

Waage

хавлия

Bademantel

домакински ръкавици

Gummihandschuhe

тампон

Tampon

дамски превръзки

Damenbinde

химическа тоалетна

Chemietoilette

детска стая

Kinderzimmer

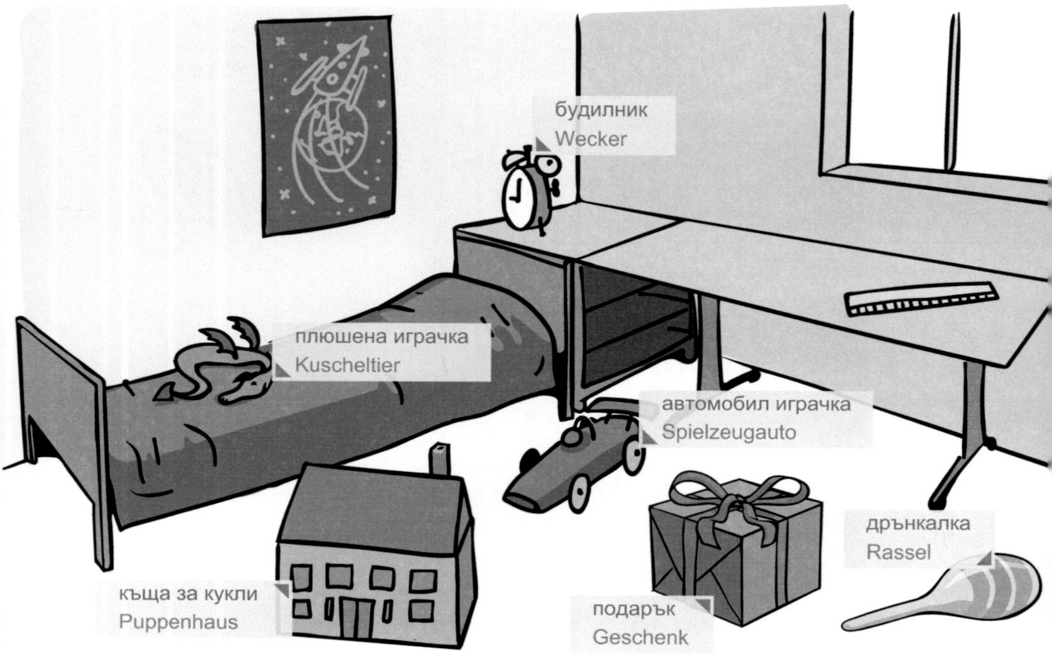

будилник
Wecker
плюшена играчка
Kuscheltier
автомобил играчка
Spielzeugauto
дрънкалка
Rassel
къща за кукли
Puppenhaus
подарък
Geschenk

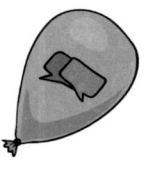

балон

Ballon

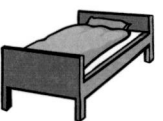

легло

Bett

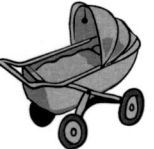

детска количка

Kinderwagen

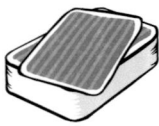

игра на карти

Kartenspiel

пъзел

Puzzle

SUPER
MEGA

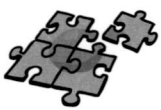

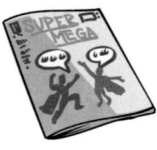

комикс

Comic

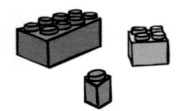

лего елементи

Legosteine

строителни елементи

Bausteine

екшън фигурка

Action Figur

бебешки гащеризон

Strampelanzug

фрисби

Frisbee

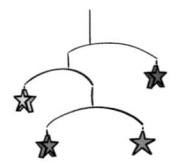

бебешки играчки за легло

Mobile

настолна игра

Brettspiel

зарче

Würfel

миниатюрно влакче

Modelleisenbahn

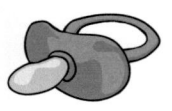

биберон

Schnuller

парти

Party

детска книга с илюстрации

Bilderbuch

топка

Ball

кукла

Puppe

играя

spielen

пясъчник

Sandkasten

люлка

Schaukel

играчка

Spielzeug

игрова конзола

Spielkonsole

велосипед с три колелета

Dreirad

плюшено мече

Teddy

гардероб

Kleiderschrank

облекло
Kleidung

къси чорапи

Socken

дълги чорапи

Strümpfe

чорапогащник

Strumpfhose

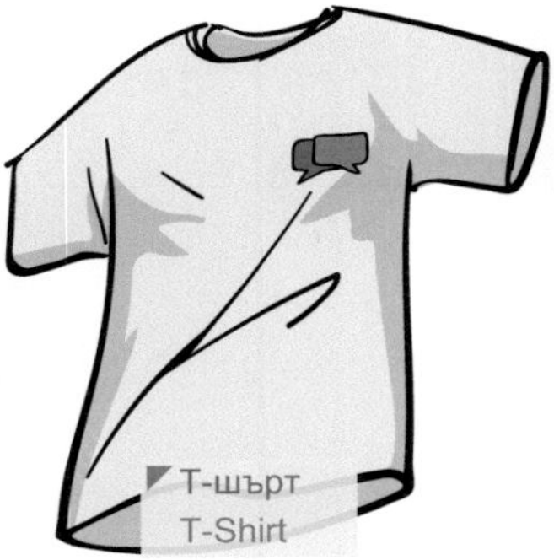

шал
Schal

колан
Gürtel

чадър
Regenschirm

Т-шърт
T-Shirt

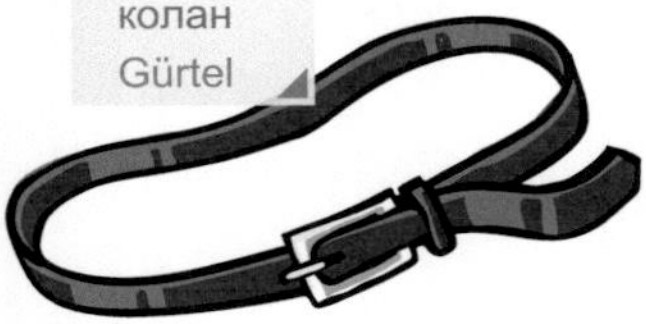

гуменки
Turnschuhe

ботуши
Stiefel

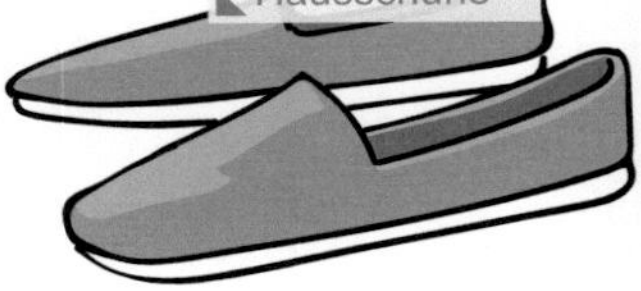

пантофи
Hausschuhe

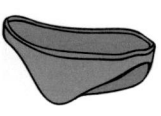

сандали
Sandalen

обувки
Schuhe

гумени ботуши
Gummistiefel

слип
Unterhose

сутиен
Büstenhalter

долна блуза
Unterhemd

облекло - Kleidung

боди

Body

панталон

Hose

дънки

Jeans

пола

Rock

блуза

Bluse

риза

Hemd

пуловер

Pullover

суичър

Kapuzenpullover

блейзър

Blazer

яке

Jacke

палто

Mantel

дъждобран

Regenmantel

костюм

Kostüm

рокля

Kleid

булчинска рокля

Hochzeitskleid

костюм

Anzug

нощница

Nachthemd

пижама

Schlafanzug

сари

Sari

кърпа за глава

Kopftuch

тюрбан

Turban

бурка

Burka

кафтан

Kaftan

абая

Abaya

бански костюм

Badeanzug

плувни шорти

Badehose

къс панталон

Kurze Hose

анцуг

Trainingsanzug

престилка

Schürze

ръкавици

Handschuhe

копче

Knopf

очила

Brille

гривна

Armband

верижка

Halskette

пръстен

Ring

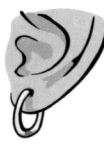

обеца

Ohrring

каскет

Mütze

закачалка

Kleiderbügel

шапка

Hut

вратовръзка

Krawatte

цип

Reißverschluss

каска

Helm

тиранти

Hosenträger

ученическа униформа

Schuluniform

униформа

Uniform

лигавник

Lätzchen

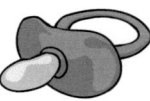

биберон

Schnuller

пелена

Windel

офис
Büro

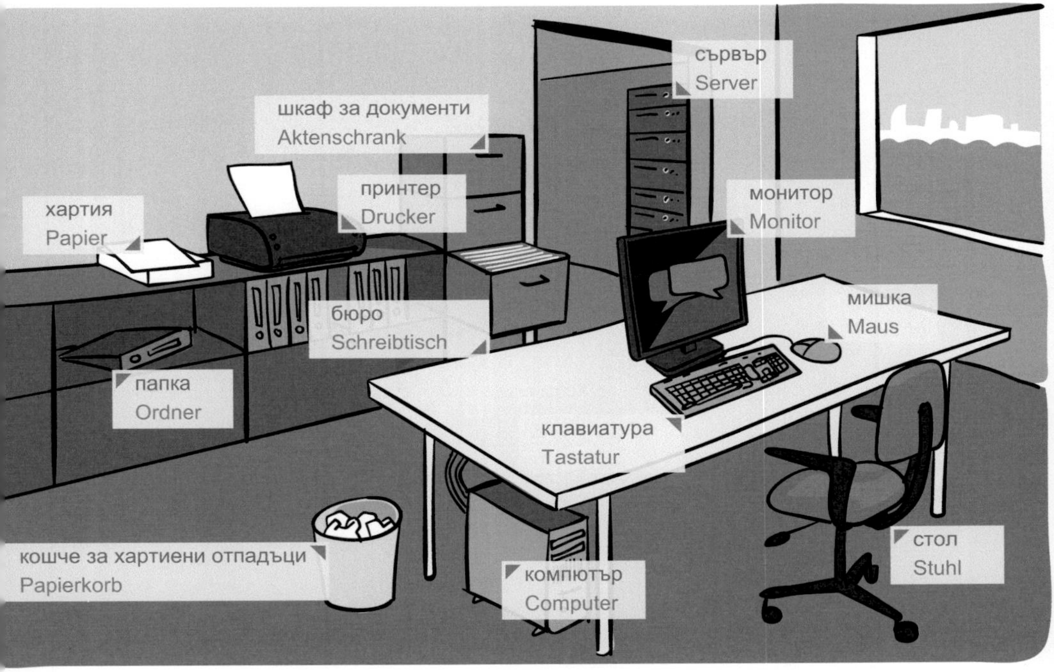

сървър
Server

шкаф за документи
Aktenschrank

принтер
Drucker

монитор
Monitor

хартия
Papier

мишка
Maus

бюро
Schreibtisch

папка
Ordner

клавиатура
Tastatur

кошче за хартиени отпадъци
Papierkorb

стол
Stuhl

компютър
Computer

чаша за кафе

Kaffeebecher

джобен калкулатор

Taschenrechner

интернет

Internet

лаптоп

Laptop

писмо

Brief

съобщение

Nachricht

мобилен телефон

Handy

мрежа

Netzwerk

ксерокс

Kopierer

софтуер

Software

телефон

Telefon

контакт

Steckdose

факс

Fax

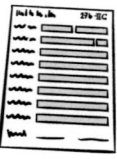

формуляр

Formular

документ

Dokument

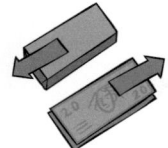

купувам

kaufen

плащам

bezahlen

търгувам

handeln

пари

Geld

долар

Dollar

евро

Euro

йена

Yen

рубла

Rubel

швейцарски франк

Franken

ренминби юан

Renminbi Yuan

рупия

Rupie

банкомат

Geldautomat

обменно бюро

Wechselstube

злато

Gold

сребро

Silber

нефт

Öl

енергия

Energie

цена

Preis

договор

Vertrag

данък

Steuer

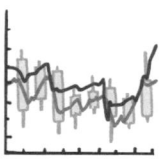

акция

Aktie

работя

arbeiten

служител

Angestellter

работодател

Arbeitgeber

фабрика

Fabrik

магазин за цветя

Geschäft

икономика - Wirtschaft

професии

Berufe

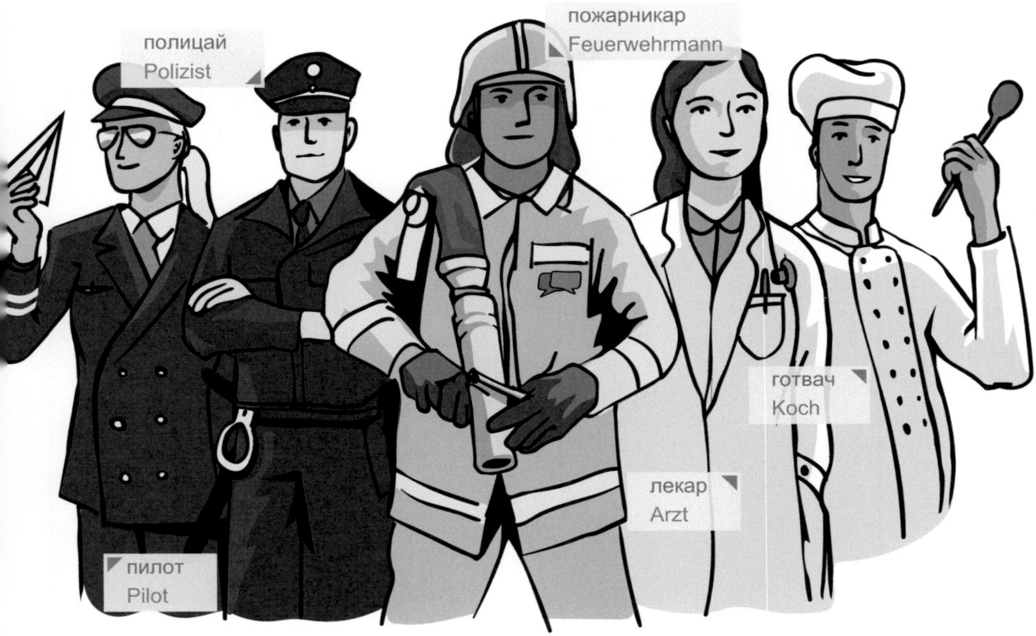

полицай
Polizist
пожарникар
Feuerwehrmann
готвач
Koch
лекар
Arzt
пилот
Pilot

градинар

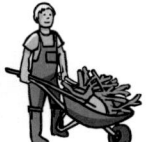

Gärtner

мебелист

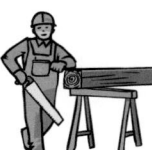

Tischler

шивачка

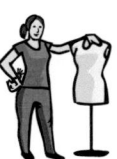

Näherin

съдия

Richter

химик

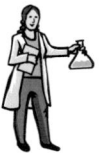

Chemiker

артист

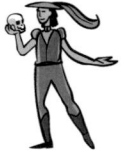

Schauspieler

шофьор на автобус

Busfahrer

шофьор на такси

Taxifahrer

рибар

Fischer

чистачка

Putzfrau

майстор на покриви

Dachdecker

келнер

Kellner

ловец

Jäger

художник

Maler

хлебар

Bäcker

електротехник

Elektriker

строителен работник

Bauarbeiter

инженер

Ingenieur

касапин

Schlachter

тенекеджия

Klempner

пощальон

Postbote

войник

Soldat

архитект

Architekt

касиер

Kassierer

цветар

Florist

фризьор

Friseur

кондуктор

Schaffner

механик

Mechaniker

капитан

Kapitän

зъболекар

Zahnarzt

научен работник

Wissenschaftler

равин

Rabbi

имàм

Imam

монах

Mönch

свещеник

Geistlicher

инструменти
Werkzeuge

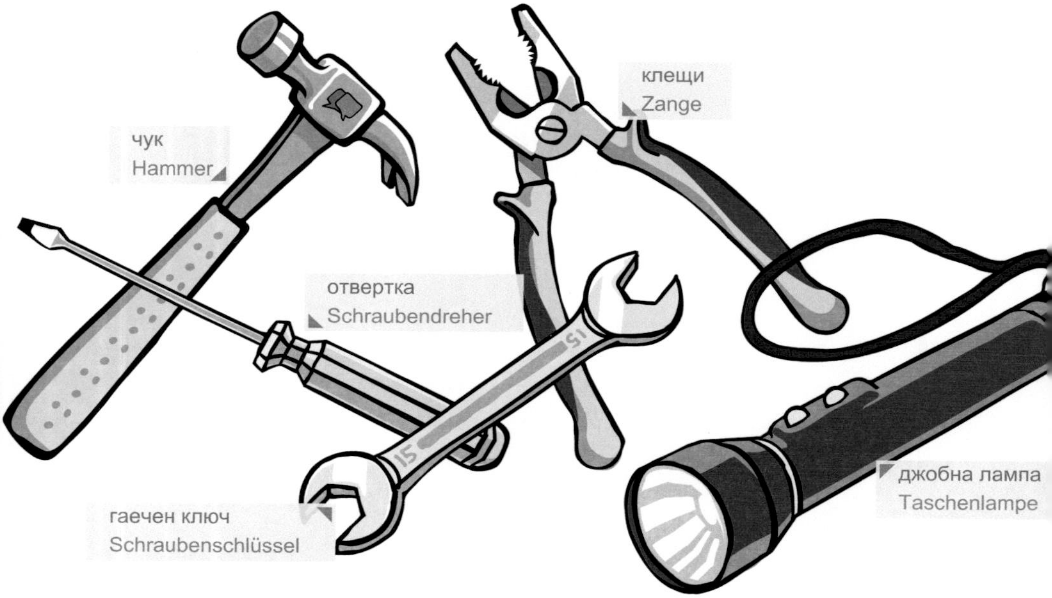
чук
Hammer
клещи
Zange
отвертка
Schraubendreher
гаечен ключ
Schraubenschlüssel
джобна лампа
Taschenlampe

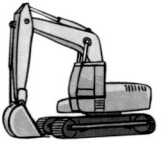

багер

Bagger

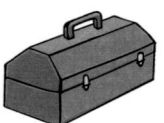

кутия за инструменти

Werkzeugkasten

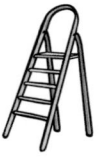

стълба

Leiter

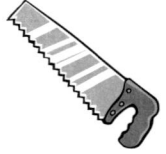

трион

Säge

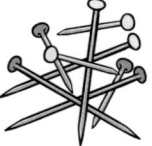

пирони

Nägel

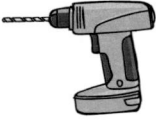

бормашина

Bohrer

ремонтирам

reparieren

лопата

Schaufel

По дяволите!

Mist!

лопатка за смет

Kehrblech

кутия за боя

Farbtopf

болтове

Schrauben

музикални инструменти
Musikinstrumente

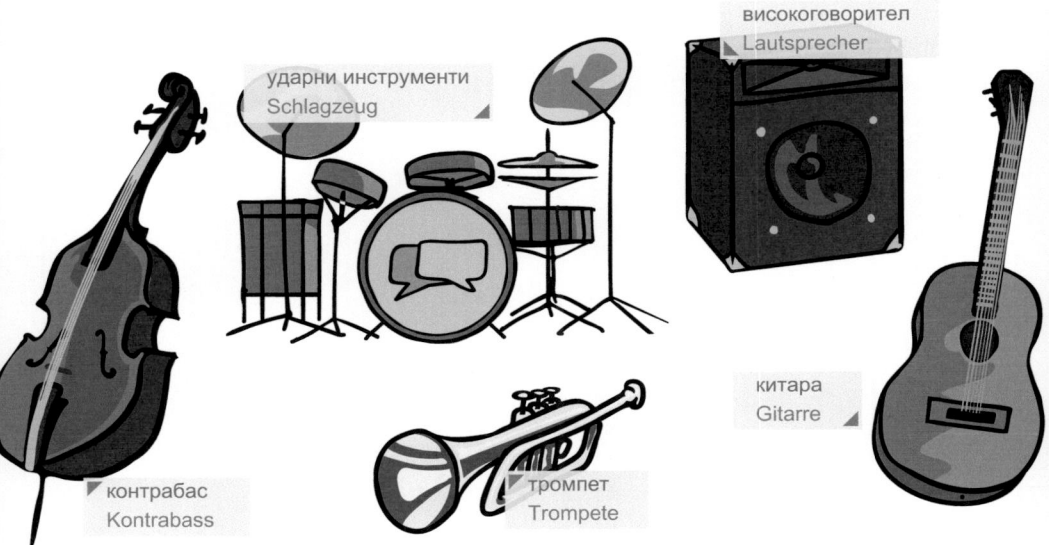

ударни инструменти
Schlagzeug

високоговорител
Lautsprecher

китара
Gitarre

контрабас
Kontrabass

тромпет
Trompete

пиано

Klavier

виолина

Violine

контрабас

Bass

тимпан

Pauke

барабан

Trommeln

електрическо пиано

Keyboard

саксофон

Saxophon

флейта

Flöte

микрофон

Mikrofon

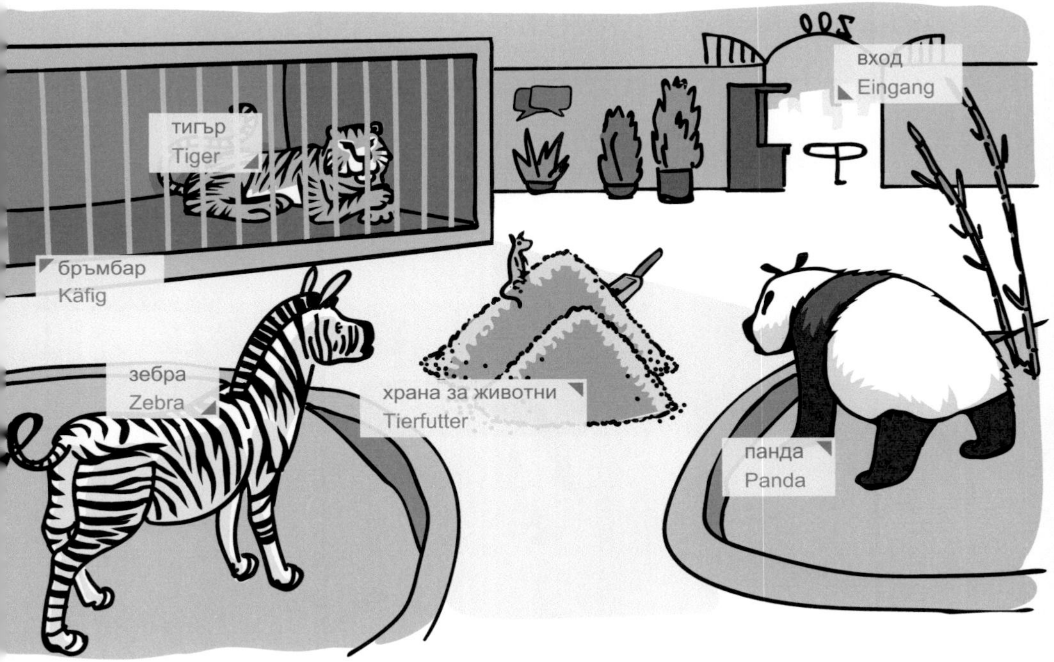

тигър
Tiger

вход
Eingang

бръмбар
Käfig

зебра
Zebra

храна за животни
Tierfutter

панда
Panda

животни

Tiere

слон

Elefant

кенгуру

Känguru

носорог

Nashorn

горила

Gorilla

мечка

Bär

камила

Kamel

щраус

Strauß

лъв

Löwe

маймуна

Affe

фламинго

Flamingo

папагал

Papagei

бяла мечка

Eisbär

пингвин

Pinguin

акула

Hai

паун

Pfau

змия

Schlange

крокодил

Krokodil

пазач в зоологическа
градина

Zoowärter

тюлен

Robbe

ягуар

Jaguar

пони
....
Pony

леопард
....
Leopard

хипопотам
....
Nilpferd

жираф
....
Giraffe

орел
....
Adler

диво прасе
....
Wildschwein

риба
....
Fisch

костенурка
....
Schildkröte

морж
....
Walross

лисица
....
Fuchs

газела
....
Gazelle

американски футбол
American Football

колоездене
Radfahren

тенис
Tennis

баскетбол
Basketball

плуване
Schwimmen

хокей на лед
Eishockey

бокс
Boxen

футбол
Fußball

бадминтон
Badminton

лека атлетика
Leichtathletik

хандбал
Handball

ски бягане
Skilaufen

поло
Polo

скачам
springen

прегръщам
umarmen

смея се
lachen

вървя
gehen

пея
singen

сънувам
träumen

моля се
beten

целувам
küssen

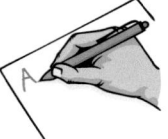

пиша

schreiben

рисувам

zeichnen

показвам

zeigen

бутам

drücken

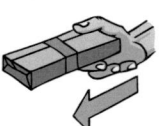

давам

geben

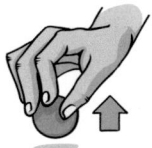

взимам

nehmen

имам

haben

правя

tun

съм

sein

стоя

stehen

тичам

laufen

дърпам

ziehen

хвърлям

werfen

падам

fallen

лежа

liegen

чакам

warten

нося

tragen

седя

sitzen

обличам

anziehen

спя

schlafen

събуждам се

aufwachen

разглеждам
ansehen

плача
weinen

милвам
streicheln

реша се
kämmen

говоря
reden

разбирам
verstehen

питам
fragen

слушам
hören

пия
trinken

ям
essen

разтребвам
aufräumen

обичам
lieben

готвя
kochen

карам автомобил
fahren

летя
fliegen

плавам (с платна)

segeln

смятане

rechnen

чета

lesen

уча

lernen

работя

arbeiten

женя се

heiraten

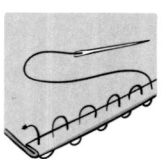

шия

nähen

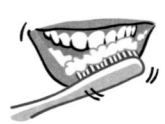

измивам си зъбите

Zähne putzen

убивам

töten

пуша

rauchen

изпращам

senden

баба
Großmutter

дядо
Großvater

баща
Vater

майка
Mutter

бебе
Baby

дъщеря
Tochter

син
Sohn

посетител

Gast

леля

Tante

чичо

Onkel

брат

Bruder

сестра

Schwester

ТЯЛО
Körper

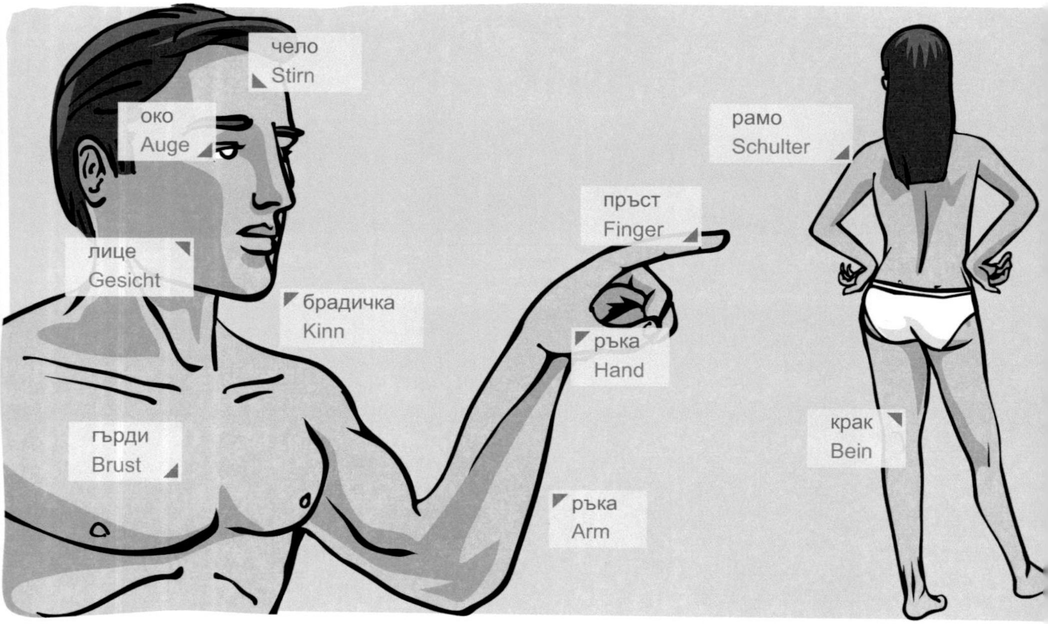

чело
Stirn

око
Auge

лице
Gesicht

брадичка
Kinn

гърди
Brust

рамо
Schulter

пръст
Finger

ръка
Hand

крак
Bein

ръка
Arm

бебе

Baby

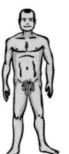

мъж

Mann

жена

Frau

момиче

Mädchen

момче

Junge

глава

Kopf

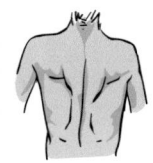

гръб

Rücken

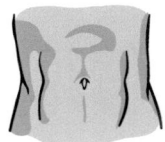

корем

Bauch

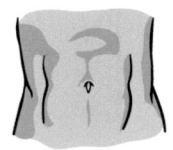

пъп

Nabel

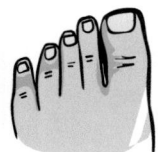

пръст на крака

Zeh

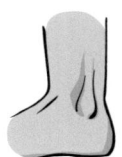

пета

Ferse

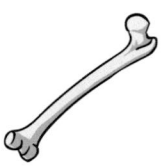

кост

Knochen

хълбок

Hüfte

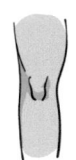

коляно

Knie

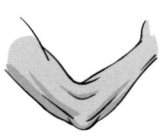

лакът

Ellenbogen

нос

Nase

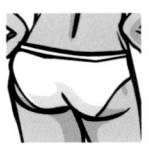

седалище

Gesäß

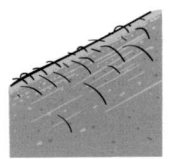

кожа

Haut

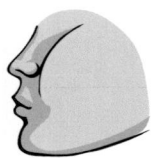

буза

Wange

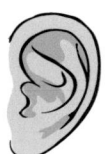

ухо

Ohr

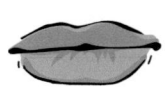

устна

Lippe

уста

Mund

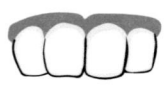

зъб

Zahn

език

Zunge

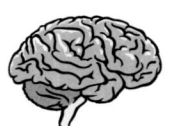

мозък

Gehirn

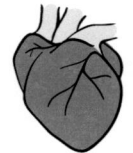

сърце

Herz

мускул

Muskel

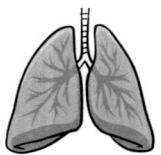

бял дроб

Lunge

черен дроб

Leber

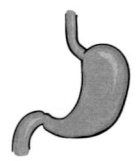

стомах

Magen

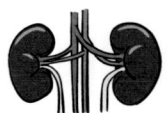

бъбреци

Nieren

полово сношение

Geschlechtsverkehr

кондом

Kondom

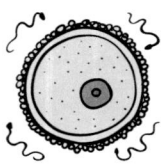

яйцеклетка

Eizelle

сперма

Sperma

бременност

Schwangerschaft

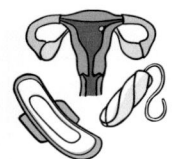

менструация

Menstruation

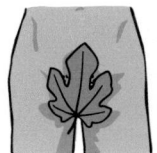

вагина

Vagina

пенис

Penis

вежда

Augenbraue

коса

Haar

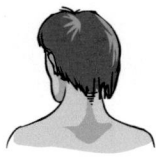

шия

Hals

болница
Krankenhaus

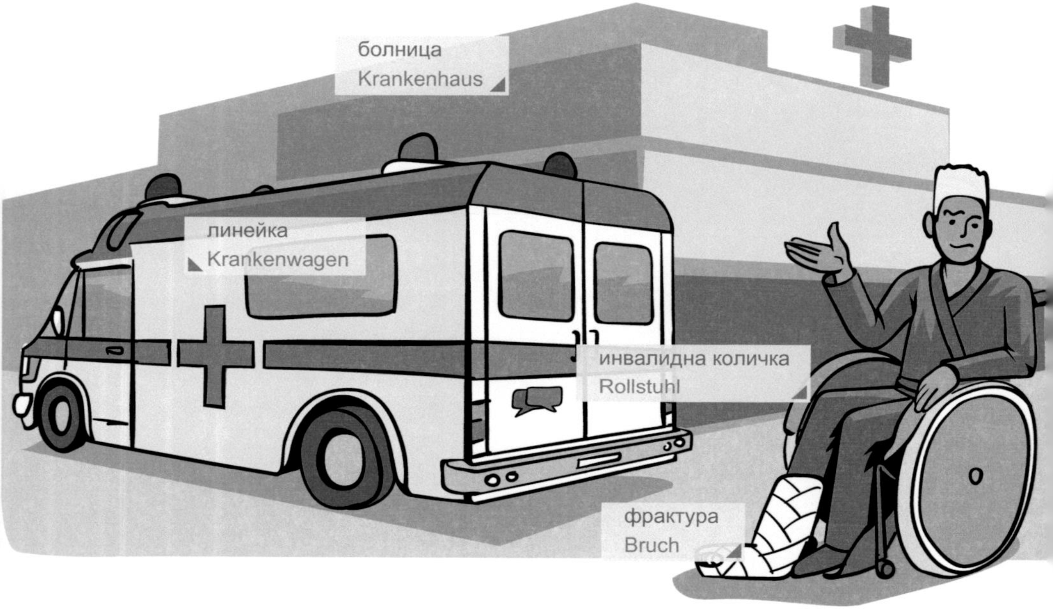

болница
Krankenhaus
линейка
Krankenwagen
инвалидна количка
Rollstuhl
фрактура
Bruch

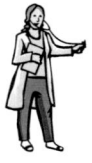

лекар

Arzt

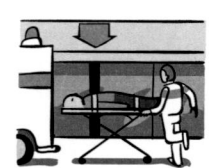

спешна хоспитализация

Notaufnahme

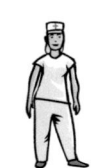

медицинска сестра

Krankenschwester

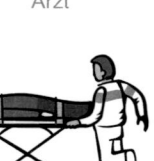

спешен случай

Notfall

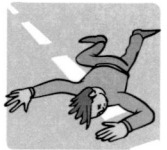

в безсъзнание

ohnmächtig

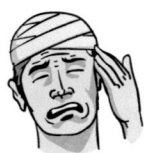

болка

Schmerz

нараняване

Verletzung

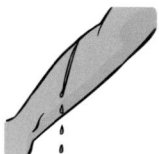

кървене

Blutung

инфаркт

Herzinfarkt

инсулт

Schlaganfall

алергия

Allergie

кашлица

Husten

температура

Fieber

грип

Grippe

диария

Durchfall

главоболие

Kopfschmerzen

рак

Krebs

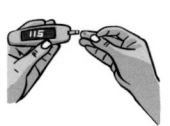

диабет

Diabetis

хирург

Chirurg

скалпел

Skalpell

операция

Operation

болница - Krankenhaus

компютърна томография

CT

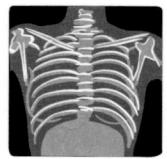

рентген

Röntgen

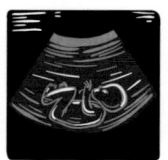

ултразвук

Ultraschall

маска

Maske

болест

Krankheit

чакалня

Wartezimmer

патерица

Krücke

пластир

Pflaster

превръзка

Verband

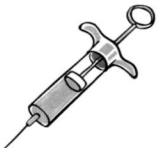

инжекция

Injektion

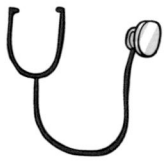

стетоскоп

Stethoskop

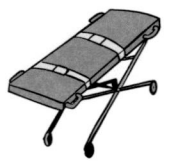

носилка

Trage

термометър

Thermometer

раждане

Geburt

наднормено тегло

Übergewicht

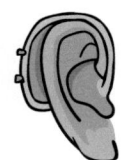

слухов апарат

Hörgerät

дезинфекционно средство

Desinfektionsmittel

инфекция

Infektion

вирус

Virus

HIV / AIDS

HIV / AIDS

медицина

Medizin

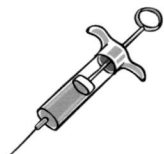

ваксинация

Impfung

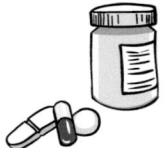

таблети

Tabletten

противозачатъчна таблетка

Pille

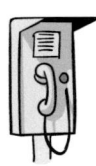

спешно телефонно обаждане

Notruf

апарат за измерване на кръвното налягане

Blutdruck-Messgerät

болен / здрав

krank / gesund

Помощ!

Hilfe!

сигнал за тревога

Alarm

нападение

Überfall

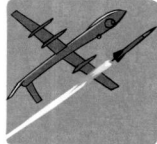

атака

Angriff

опасност

Gefahr

авариен изход

Notausgang

Пожар!

Feuer!

пожарогасител

Feuerlöscher

злополука

Unfall

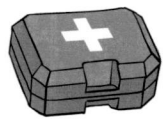

комплект за оказване на
първа помощ

Erste-Hilfe-Koffer

SOS

SOS

полиция

Polizei

Европа

Europa

Северна Америка

Nordamerika

Южна Америка

Südamerika

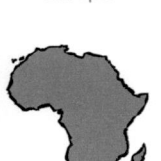

Африка

Afrika

Азия

Asien

Австралия

Australien

Атлантически океан

Atlantik

Тихи океан

Pazifik

Индийски океан

Indischer Ozean

Южен ледовит океан

Antarktischer Ozean

Северен ледовит океан

Arktischer Ozean

Северен полюс

Nordpol

Южен полюс

Südpol

Антарктида

Antarktis

Земя

Erde

суша

Land

море

Meer

остров

Insel

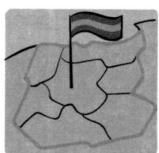

нация

Nation

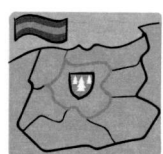

държава

Staat

циферблат

Zifferblatt

стрелка на часовете

Stundenzeiger

стрелка на минутите

Minutenzeiger

стрелка на секундите

Sekundenzeiger

Колко е часът?

Wie spät ist es?

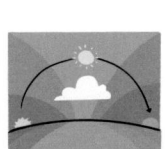

ден

Tag

време

Zeit

сега

jetzt

дигитален часовник

Digitaluhr

минута

Minute

час

Stunde

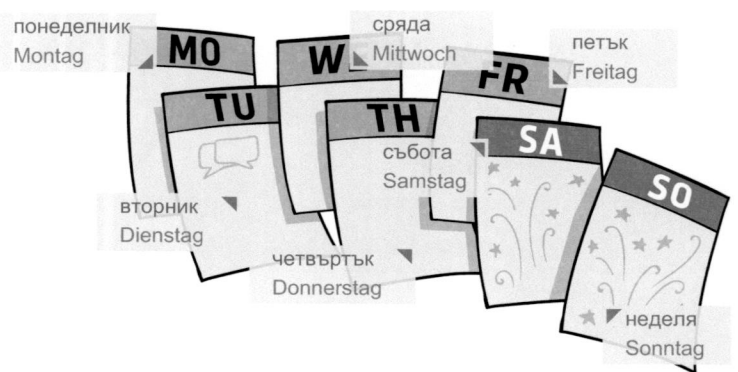

понеделник
Montag

сряда
Mittwoch

петък
Freitag

вторник
Dienstag

събота
Samstag

четвъртък
Donnerstag

неделя
Sonntag

вчера

gestern

днес

heute

утре

morgen

сутрин

Morgen

обед

Mittag

вечер

Abend

работни дни

Arbeitstage

уикенд

Wochenende

дъжд
Regen

дъга
Regenbogen

сняг
Schnee

вятър
Wind

пролет
Frühling

есен
Herbst

лято
Sommer

зима
Winter

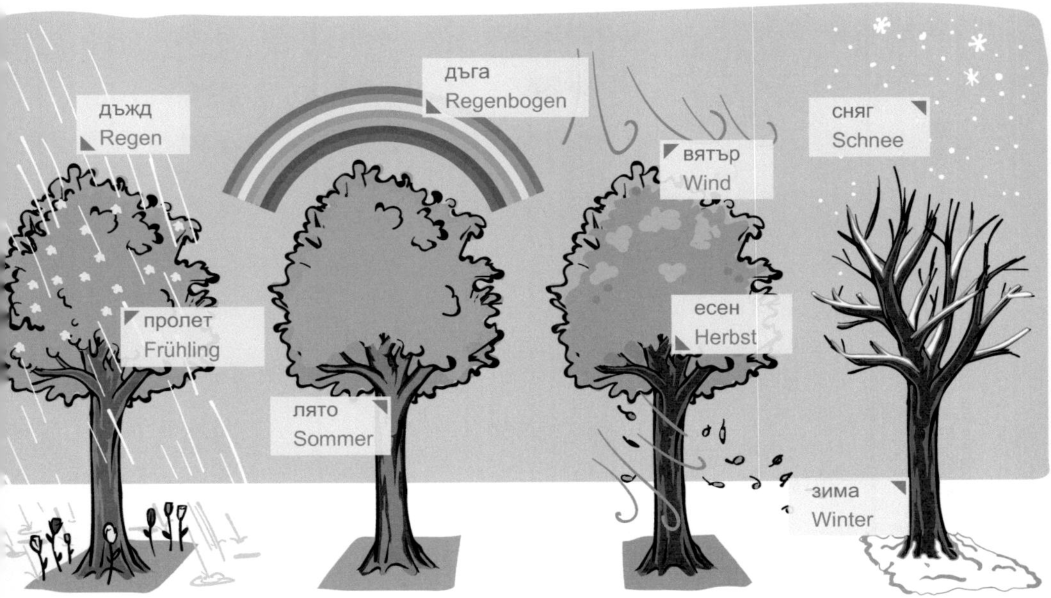

прогноза за времето

Wettervorhersage

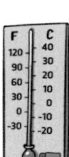

термометър

Thermometer

слънчева светлина

Sonnenschein

облак

Wolke

мъгла

Nebel

влажност на въздуха

Luftfeuchtigkeit

светкавица

Blitz

гръмотевица

Donner

буря

Sturm

градушка

Hagel

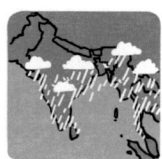

мусон

Monsun

наводнение

Flut

лед

Eis

януари

Januar

февруари

Februar

март

März

април

April

май

Mai

юни

Juni

юли

Juli

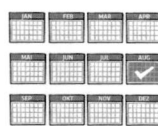

август

August

септември

September

октомври

Oktober

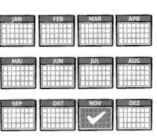

ноември

November

декември

Dezember

кръг

Kreis

квадрат

Quadrat

четириъгълник

Rechteck

триъгълник

Dreieck

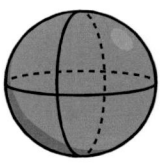

сфера

Kugel

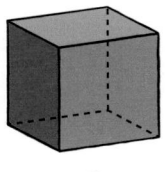

куб

Würfel

Farben

бял

weiß

жълт

gelb

оранжев

orange

розов

pink

червен

rot

лилав

lila

син

blau

зелен

grün

кафяв

braun

сив

grau

черен

schwarz

много / малко

viel / wenig

ядосан / спокоен

wütend / friedlich

красив / грозен

hübsch / hässlich

начало / край

Anfang / Ende

голям / малък

groß / klein

светъл / тъмен

hell / dunkel

брат / сестра

Bruder / Schwester

чист / мръсен

sauber / schmutzig

пълен / непълен

vollständig / unvollständig

ден / нощ

Tag / Nacht

мъртъв / жив

tot / lebendig

широк / тесен

breit / schmal

ядлив / неядлив

genießbar / ungenießbar

сърдит / любезен

böse / freundlich

развълнуван / скучаещ

aufgeregt / gelangweilt

дебел / тънък

dick / dünn

най-напред / най-накрая

zuerst / zuletzt

приятел / враг

Freund / Feind

пълен / празен

voll / leer

твърд / мек

hart / weich

тежък / лек

schwer / leicht

глад / жажда

Hunger / Durst

болен / здрав

krank / gesund

нелегален / легален

illegal / legal

интелигентен / глупав

intelligent / dumm

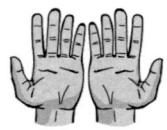

ляво / дясно

links / rechts

близо / далече

nah / fern

нов / употребяван

neu / gebraucht

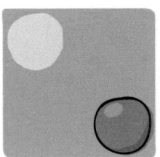

нищо / нещо

nichts / etwas

стар / млад

alt / jung

вкл. / изкл.

an / aus

отворен / затворен

offen / geschlossen

тих / силен (звук)

leise / laut

богат / беден

reich / arm

правилен / погрешен

richtig / falsch

грапав / гладък

rau / glatt

тъжен / щастлив

traurig / glücklich

дълъг / къс

kurz / lang

бавен / бърз

langsam / schnell

мокър / сух

nass / trocken

топъл / студен

warm / kühl

война / мир

Krieg / Frieden

противоположности - Gegenteile

0

нула

null

1

едно

eins

2

две

zwei

3

три

drei

4

четири

vier

5

пет

fünf

6

шест

sechs

7

седем

sieben

8

осем

acht

9

девет

neun

10

десет

zehn

11

единадесет

elf

12

дванадесет

zwölf

13

тринадесет

dreizehn

14

четиринадесет

vierzehn

15

петнадесет

fünfzehn

16

шестнадесет

sechzehn

17

седемнадесет

siebzehn

18

осемнадесет

achtzehn

19

деветнадесет

neunzehn

20

двадесет

zwanzig

100

сто

hundert

1.000

хиляда

tausend

1.000.000

милион

million

английски

Englisch

американски английски

Amerikanisches Englisch

китайски мандарин

Chinesisch Mandarin

хинди

Hindi

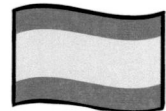

испански

Spanisch

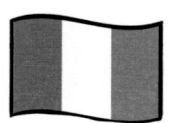

френски

Französisch

арабски

Arabisch

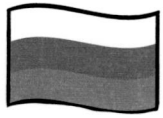

руски

Russisch

португалски

Portugiesisch

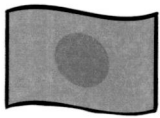

бенгалски

Bengalisch

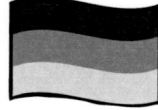

немски

Deutsch

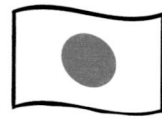

японски

Japanisch

аз
ich

ти
du

той / тя / то
er / sie / es

ние
wir

вие
ihr

те
sie

кой?
wer?

какво?
was?

как?
wie?

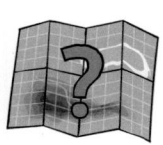

къде?
wo?

кога?
wann?

HELLO, I AM

име
Name

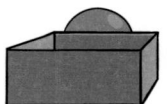

зад

hinter

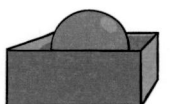

в

in

пред

vor

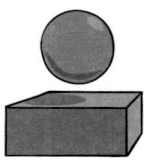

над

über

върху

auf

под

unter

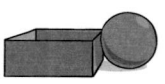

до

neben

между

zwischen

място

Ort